Detectives de viaje

España

América
del Norte

Europa

Asia

ESPAÑA

África

América
del Sur

Australasia

Paul Mason

Raintree

Chicago, Illinois

Translation into Spanish produced by DoubleO Publishing Services

Printed and bound in China by South China Printing Company limited

12 11 10 09 08
10 9 8 7 6 5 4 3 2 1

Library of Congress Cataloging-in-Publication Data

Mason, Paul, 1967-
    [Spain Spanish]
    España / Paul Mason.
        p. cm. -- (Detectives de viaje)
    Includes index.
    ISBN 978-1-4109-3202-0 (hb) --
    ISBN 978-1-4109-3208-2 (pb)
    1. Spain--Juvenile literature. I. Title.
    DP17.M37 2007
    946--dc22
                                        2007047925

Acknowledgments
Action Plus pp. 6t (Glyn Kirk), 20–21 (Neil Tingle); Alamy Images pp. 12–13 (Chris Knapton), 5m, 39 (Dalgleish Images), 17 (Ian Dagnall), 4 (Loetscher Martin), 22 (Mark Beton), 24–25 (Nicholas Pitt), pp. 11, 18–19 (Scott Hortop), 34l (Stuart Walker). Bridgeman Art Library pp. 10–11 (Private Collection, Christie's Images); Corbis pp. 15 (Erik Schaffer; Ecoscene), 8–9 (Patrick Ward), pp. 5t, 18, 43 (Reuters), 23 (Tim De Waele/Isosport); Corbis Sygma p. 36 (Landmann Patrick); Food Features p.5; Getty Images p. 6l (Photodisc); Rex Features pp. 37 (D Maxwell), 40 (Eye Ubiquitous), 41t (Heikki Saukkomaa), 31 (Ilpo Musto), 21 (Nils Jorgensen), 33 (R. G. Williamson), 24 (Ray Tang), 28 (Rick Colls), pp. 5b, 14, 32, 35, 42t (Sipa Press), 29 (The Travel Library); Robert Harding pp. 30–31 (Digital Vision), 41b (Jean Brooks), 34r (Michael Busselle), 16 (Michael Jenner); Turespana pp. 6 br, 9, 12, 26, 27, 38, 42b.

Cover photograph of flamenco costume reproduced with permission of Getty Images/Photographer's Choice.

Illustrations by Kamae Design.

Every effort has been made to contact copyright holders of any material reproduced in this book. Any omissions will be rectified in subsequent printings if notice is given to the publishers.

The paper used to print this book comes from sustainable resources.

Disclaimer
All the Internet addresses (URLs) given in this book were valid at the time of going to press. However, due to the dynamic nature of the Internet, some addresses may have changed, or sites may have changed or ceased to exist since publication. While the author and publishers regret any inconvenience this may cause readers, no responsibility for any such changes can be accepted by either the author or the publishers.

Contenido

En el glosario encontrarás las definiciones de las palabras que aparecen en el texto en negrita, **como éstas**. También puedes buscar el significado de algunas palabras en el Banco de palabras al final de cada página.

¿En qué parte del mundo?

España en África

El pueblo de Tarifa se ubica en el extremo sur de España. Para llegar a África, sólo hay que cruzar una extensión de agua. Esta separación de agua se conoce como Estrecho de Gibraltar. Existen dos ciudades en el norte de África que forman parte de España. Ellas son Ceuta y Melilla (ver Marruecos en el mapa, página 7).

El viento golpea las persianas de tu ventana. Te sientas en la cama y miras hacia afuera. La luz del sol se refleja sobre las paredes blancas de los edificios. Su brillo es tan intenso que te hace parpadear. Debajo de tu ventana, el mar estalla contra la costa. ¿Dónde te encuentras?

A lo lejos, un hombre se desliza sobre las olas. Parece estar parado sobre una patineta gigante. Lo arrastra un paracaídas. Entonces, te das cuenta de que este hombre está practicando *windsurf*.

Estos deportistas están practicando *windsurf* en una playa de Tarifa. Velas enormes y de colores brillantes los deslizan por las olas.

Alguien te toca la puerta. La abres y te encuentras con un hombre que trae una bandeja. Sobre ella, hay una taza de chocolate y unas tiras de masa frita. "¡El desayuno!", dice. "Chocolate con churros".

En este momento te encuentras en Tarifa, un pueblo ubicado en el extremo sur de España (ver mapa, página 7). Éste es el punto en donde España y África **casi se tocan**.

Los churros españoles son tiras de masa fritas. Es común remojarlos en una bebida espesa de chocolate derretido.

Luego descubrirás..

...por qué estas personas están cubiertas con tomates.

...de qué se trata esta comida de aspecto extraño.

...por qué unos toros peligrosos corren sueltos por este pueblo.

Regiones de España

Datos sobre España:

POBLACIÓN:
40 millones

SUPERFICIE:
194,930 millas cuadradas (505,000 kilómetros cuadrados)

IDIOMA: español

MONEDA: euro

En un cajón al lado de tu cama, encuentras un mapa y algunas fotografías que otros viajeros han dejado allí. Además, hay varias anotaciones acerca de diferentes partes de España. ¡Te serán muy útiles!

El Real Madrid es uno de los equipos de fútbol más importantes del mundo.

Estas personas están realizando una peregrinación religiosa. Caminan por un antiguo sendero llamado El Camino.

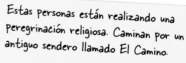

En Cataluña se encuentra la hermosa y fascinante ciudad de Barcelona. Los catalanes siempre se han sentido diferentes del resto de los españoles.

BANCO DE PALABRAS   **influir** afectar a alguna persona o cosa, o provocar un cambio en ellas

El País Vasco: Los vascos son robustos habitantes de las montañas. La gran mayoría vive en España, pero algunos viven en Francia. Muchos vascos desean que la región en la que viven sea independiente de España.

Las Islas Baleares: Estas islas son un lugar turístico muy popular. Todos los años, Mallorca recibe aproximadamente tres millones de visitantes.

FRANCIA

Galicia

Asturias

Bilbao   San Sebastián

País Vasco   Pirineos

Río Ebro

Cataluña

Santiago de Compostela

ESPAÑA

Barcelona

MAR MEDITERRÁNEO

Salamanca

Madrid

Islas Baleares

Río Tajo

Valencia

N
O   E
S

Río Guardiana

0   150 km

0   100 millas

Andalucía

Alicante

Sevilla   Río Guadalquivir   Sierra Nevada

▲ Monte Mulhacén

ISLAS CANARIAS

Málaga   Almería

Monte Teide ▲

OCÉANO ATLÁNTICO

Tarifa

0   150 km

Ceuta   Melilla

0   100 millas

Estrecho de Gibraltar

PORTUGAL

MARRUECOS

El sur: Esta área de España recibe fuertes influencias del norte de África por su cercanía a esta zona.

Las Islas Canarias están más cerca del norte de África que de España. Estas islas del Atlántico son visitadas por muchos turistas europeos.

La Meseta Central: Ésta es un área plana y alta que se ubica en el centro de España. Madrid, la capital de España, se encuentra en el límite norte de esta Meseta.

Historia

¡Estás aquí!

MADRID
Granada
Tarifa

Te encuentras en un lugar llamado Tarifa. El norte de África está a sólo 9 millas (15 kilómetros) de este pueblo. Es posible llegar al continente africano en apenas 35 minutos en ferry.

Los moros

En el pasado, los **musulmanes** provenientes del norte de África invadieron y gobernaron gran parte del territorio de España. Los musulmanes practican el Islam. A estos invasores se les conocía como **moros**. Muchas de las palabras del español provienen del idioma de los moros. Los moros ejercieron una fuerte influencia en la arquitectura, la música y la gastronomía del sur de España.

Las lágrimas de Boabdil

Boabdil fue el último gobernante moro de Granada. Él amaba esta hermosa ciudad. Cuenta la leyenda que Boabdil lloró al mirar Granada por última vez.

Esta casa se encuentra en Sevilla, en el sur de España. Los moros trajeron este estilo arquitectónico a España.

BANCO DE PALABRAS   **musulmán** relacionado con el Islam o que practica el Islam

La Reconquista

La Reconquista es el nombre que recibe el período durante el cual los ejércitos cristianos recuperaron el control de España de los moros. Transcurrieron cientos de años y fueron necesarias muchas batallas para expulsar a los moros de España.

En 1492, los moros perdieron el control del área que rodea a la ciudad de Granada. Granada se encuentra en el sur de España. Esa fecha marcó el fin del dominio musulmán sobre España.

La Alhambra

Una de las construcciones más hermosas de España es el Palacio de la Alhambra, en Granada (debajo). Este palacio tiene tres áreas principales:

- una casa de verano de estilo morisco
- un palacio morisco
- un castillo construido más tarde por las fuerzas cristianas.

moros musulmanes del norte de África que dominaron gran parte de España. Llegaron a este país en el año 711 y partieron en 1492.

El Nuevo Mundo

En 1492, un explorador llamado Cristóbal Colón zarpó desde España. Más tarde, ese mismo año, Colón llegó a América del Norte. Inmediatamente después, España conquistó áreas de gran extensión, tanto en América del Norte como en América del Sur.

A estas tierras desconocidas se les dio el nombre de "Nuevo Mundo". España se enriqueció con el oro y otros objetos preciosos provenientes del Nuevo Mundo. El dominio español sobre estas tierras se prolongó hasta el siglo XIX.

"Barcos de tesoros" gigantes transportaban oro y plata desde el Nuevo Mundo hacia España. Algunas veces, los piratas atacaban estas embarcaciones.

torturados sometidos a golpes o a sufrir dolor. En algunos casos, los prisioneros son sometidos a torturas para que revelen información secreta.

La Guerra Civil española

En 1936, se desató una terrible guerra civil en España. Una guerra civil se produce cuando diferentes grupos pertenecientes a un mismo país luchan entre sí. La Guerra Civil española fue entre el gobierno electo y un grupo liderado por un oficial del ejército llamado el general Francisco Franco.

Muchas personas fueron asesinadas o **torturadas** durante esta guerra civil. Finalmente, el conflicto terminó en 1939, con la victoria de Franco, quien gobernó España hasta su muerte en 1975. Muchos españoles recuerdan la guerra y a Franco con gran amargura.

Guernica

Guernica se encuentra en el noreste de España. Es el pueblo más antiguo del País Vasco. En 1937, un avión de las fuerzas de Franco bombardeó Guernica. En apenas tres horas, 1,600 personas perdieron la vida y el pueblo fue destruido casi en su totalidad.

El antiguo **parlamento** vasco solía reunirse bajo el Árbol de Guernica. Este árbol sobrevivió al bombardeo de Guernica en el año 1937.

parlamento grupo de personas elegidas para elaborar las leyes

El paisaje español

Los principales ríos de España:

- El Guadalquivir, en el sur, desemboca en el océano Atlántico.
- El Guadiana y el Tajo, en el centro de España, siguen su recorrido en sentido oeste, hacia Portugal.
- El Ebro, al norte, es el río más largo de España.

Ahora que ya has recorrido Tarifa, ¿qué más puedes hacer? ¡Mucho! Las playas del sur de España son geniales para practicar deportes acuáticos. Muchas personas practican ciclismo o realizan caminatas por las colinas ubicadas a espaldas de la costa.

Las montañas de Sierra Nevada se encuentran a sólo un par de horas de viaje en autobús. En primavera, se puede practicar esquí o *snowboard*.

El Coto de Doñana es una reserva natural ubicada al sur de España, que cuenta con grandes pantanales, localizados en la desembocadura del río Guadalquivir. Allí, habitan animales poco comunes, como águilas y linces.

BANCO DE PALABRAS frontera línea imaginaria que separa a un país de otro

Las montañas

Los Pirineos son las montañas más altas de España. Se encuentran en el extremo norte del país. Los Pirineos constituyen la **frontera** entre España y Francia.

Los Picos de Europa son montañas que se ubican más hacia el este. En la actualidad, son un parque nacional. Las personas acuden allí para realizar excursiones, ciclismo de montaña y alpinismo. Además, los Picos albergan algunas especies increíbles de animales silvestres. Por ejemplo, allí puedes encontrar buitres y osos.

Un paraíso para el ciclismo de montaña

La gran cantidad de montañas con laderas empinadas que posee España resulta un gran atractivo para los ciclistas de montaña. En los Picos y en los Pirineos, es posible descender en bicicleta por los senderos que están entre los bosques.

Este escalador disfruta de la vista del Mulhacén en Sierra Nevada. Se trata de la montaña de mayor altura de la España continental.

El clima

El sur de España es generalmente cálido y seco durante todo el año. Es por ello que esta zona es tan concurrida por los turistas. El área que se ubica al este de Tarifa es conocida como la Costa del Sol. Allí, la costa está bordeada por hoteles de muchos pisos de altura.

Norte húmedo y ventoso

El clima en España varía según las diferentes regiones. En el norte, los inviernos pueden tornarse fríos. Fuertes tormentas soplan desde el océano Atlántico. En general, los veranos aquí son cálidos y secos.

Fuertes vientos

Vientos de gran intensidad soplan en el pueblo de Tarifa durante casi todo el año. Se dice que estos vientos enloquecen a sus habitantes.

Existen cientos de granjas eólicas en Tarifa. En ellas, se utiliza la potencia de los vientos para generar energía eléctrica y, así, abastecer a los pueblos vecinos.

BANCO DE PALABRAS   llanura área de tierra extensa y llana

Centro árido

En el centro de España, se extiende un área plana y alta, que lleva el nombre de **llanura**, o meseta, central. Ésta es una región muy árida y, en algunas partes, hay desiertos. Durante el verano, el sol calcina la meseta. Pero en el invierno puede hacer mucho frío con vientos helados.

Las temperaturas en España

En esta tabla se muestran las temperaturas promedio en algunas ciudades de España durante enero y julio:

Ciudad	Enero	Julio
Alicante	60.8 °F (16 °C)	89.6 °F (32 °C)
Madrid	41.0 °F (5 °C)	87.8 °F (31 °C)
Málaga	62.6 °F (17 °C)	84.2 °F (29 °C)
Mallorca	57.2 °F (14 °C)	84.2 °F (29 °C)
Pontevedra	57.2 °F (14 °C)	77.0 °F (25 °C)
Sevilla	59.0 °F (15 °C)	95.0 °F (35 °C)

Las áreas desérticas se pueden utilizar para la agricultura. En esta foto se muestra un campo de cultivos de Andalucía.

15

Comida y cultura

Tienes hambre. Ya es hora de almorzar. ¿Qué opciones te ofrece el menú?

Sabores del mar

A los españoles les encantan los pescados y los mariscos. Tienen la flota pesquera más importante de toda Europa. La paella es uno de los platos preferidos en España. Contiene arroz, pescado y algo de carne. Los estofados de pescado, llamados zarzuelas, son también un plato favorito entre los españoles.

Ollas gigantes para paella, como la que ves aquí, se utilizan siempre durante las fiestas.

Noches en familia

En España, es común que familias enteras salgan de noche (izquierda), incluso los abuelos y los bebés. Entre otras cosas, pasan la noche conversando, caminando, comiendo tapas y bebiendo.

Meriendas nocturnas

En la noche, muchos españoles comen tapas. En el norte de España a menudo se conocen como pinchos. Las tapas, o los pinchos, son pequeñas porciones de comida. Pueden ser de carne, pescado, huevo, vegetales, ensalada o prácticamente de cualquier ingrediente.

Si tienes mucha hambre, puedes pedir raciones. Se trata de una porción más grande de la misma comida. Sin embargo, la mayoría de las personas prefieren varios bocadillos pequeños en lugar de uno solo grande.

La siesta

La mayoría de los españoles toma un largo descanso al mediodía, conocido como la **siesta**. La hora de la siesta es posterior al almuerzo. Algunas personas duermen un rato. Es una muy buena forma de evitar el momento más caluroso del día.

Un paseo al atardecer

Luego del almuerzo duermes una siesta al mejor estilo español. Después del descanso es hora de dar un paseo.

Por lo general, a los españoles les gusta estar acompañados. Muchas personas salen a pasear al atardecer. Caminan por las calles principales. Algunas veces se detienen a saludar a sus amigos y a conversar. Esta actividad se conoce como "paseo".

El clima cálido de España invita a disfrutar de los paseos al atardecer.

siesta breve descanso, especialmente en aquellos países donde las tardes se tornan muy calurosas

La familia y las fiestas

La familia es muy importante para la mayoría de los españoles. Muchos se reúnen en casa para celebrar ocasiones especiales.

Además, vuelven a su ciudad natal para participar de las fiestas locales. Incluso las aldeas más pequeñas organizan fiestas para honrar a sus santos. Durante estas celebraciones, los participantes comen, beben y realizan **procesiones**.

España también celebra grandes fiestas. La ciudad de Cádiz queda más allá de Tarifa, en la costa. El carnaval que se celebra allí en febrero es famoso por sus asombrosos trajes y su increíble música.

Tomates

En agosto, tiene lugar el festival de la Tomatina (debajo) en el pueblo de Buñol, cerca de Valencia. Hace años, en 1945, se desató una pelea durante un carnaval. Las personas comenzaron a arrojarse tomates entre sí. Fue tan divertido que, en la actualidad, el pueblo celebra una pelea de tomates todos los años.

procesión grupo de personas que se moviliza en filas como parte de una celebración. Las procesiones de las fiestas a menudo culminan en una iglesia.

19

Corridas de toros

Las corridas de toros con frecuencia tienen lugar en la misma época que las fiestas. En España, las corridas de toros se conocen como "Los Toros".

Al final de una corrida, un hombre llamado matador ingresa a la plaza de toros. Una vez allí, intenta matar al animal con una espada. Muchas personas en todo el mundo creen que las corridas de toros son crueles. Sin embargo, siguen siendo muy populares en España.

Los grandes equipos españoles

España es el hogar de muchos de los jugadores y clubes de fútbol más famosos del mundo. El Real Madrid es el equipo más importante y el F.C. Barcelona es su principal rival.

Los simpatizantes del fútbol español viajan por todo el mundo para apoyar a su equipo nacional.

Fútbol

El deporte favorito en España es el fútbol. Durante los partidos, el ambiente es estupendo. Los encuentros más importantes cuentan con fuegos artificiales y tambores. También resulta divertido mirar partidos de fútbol en los cafés. Se reúnen muchas personas alrededor del televisor y alientan a su equipo.

Flamenco

El flamenco es una combinación de música de guitarras, danza y canto. En cada actuación se cuenta una historia, que puede ser acerca del amor, de episodios de la historia o de cuestiones políticas. Los artistas a menudo aportan ritmo mediante palmadas o el chasquido de sus dedos.

Las bailarinas de flamenco llevan vestidos con amplias faldas de volados. Los hombres visten sombreros y pantalones ceñidos a la cintura.

Estos son los días en que todas las personas que viven en España no trabajan. La mayor parte son feriados cristianos.

1° de ENERO:
Año Nuevo

6 de ENERO:
Epifanía
(feriado religioso)

MARZO/ABRIL:
La mayoría de las regiones tienen días feriados relacionados con la celebración de la Pascua (feriado religioso). Sin embargo, las fechas no coinciden entre ellas.

1° de MAYO:
Día del Trabajador

Los turistas y los residentes disfrutan del sol, el mar y la arena en las playas de Barcelona.

Actividades

¿Te preguntas qué actividades puedes realizar? Lleva años aprender flamenco. Y, por cierto, no tienes tiempo de tomar clases. ¿Qué es lo que puedes hacer ahora mismo?

En el sur de España, a muchas personas les gusta jugar al fútbol. A otras les resulta placentero escalar o andar en bicicleta por la montaña. Algunos de los mejores ciclistas de montaña del mundo son españoles.

El ciclismo en carretera es un deporte muy practicado en el norte de España. La región vasca (ver mapa, página 7), en el noreste, es el centro del ciclismo en España.

Los españoles adoran el mar. Al igual que ellos, puedes nadar, navegar, practicar surf o windsurf.

El cine

También puedes ir al cine a ver una película. Es una de las actividades favoritas de los españoles. El director de cine español Pedro Almodóvar es conocido a nivel mundial. La actriz Penélope Cruz y el actor Antonio Banderas también son famosos en todo el mundo.

ver mapa, página 7

Más feriados

15 de AGOSTO: Día de la Asunción (feriado religioso)

12 de OCTUBRE: Día de España

6 de DICIEMBRE: Día de la Constitución

8 de DICIEMBRE: Día de la Inmaculada Concepción (feriado religioso)

24 y 25 de DICIEMBRE: Navidad (feriado religioso)

El ciclista vasco Iban Mayo (derecha) es uno de los mejores ciclistas del mundo. Aquí, está participando en la Vuelta a España en el año 2002. Ésta es una carrera de ciclismo en carretera famosa a nivel mundial, que se lleva a cabo por toda España.

23

Días de escuela

Todos los niños en España asisten a la escuela entre los seis y dieciséis años de edad. El horario de escuela es de 9 de la mañana a 5 de la tarde. Al mediodía, los estudiantes tienen un recreo de tres horas. Algunos regresan a sus casas para dormir la **siesta**. Otros juegan o practican deportes.

La jornada laboral

En España generalmente se comienza a trabajar alrededor de las 9:30 de la mañana. Las personas se toman un descanso a la 1:30 de la tarde y duermen la siesta. Luego, retoman su trabajo aproximadamente a las 4:30 de la tarde y finalizan la jornada a las 8 de la noche.

Zara toma el control

Zara (debajo) es una de las empresas más exitosas de España. Esta cadena de moda tiene tiendas por todo el mundo. Su propietario es, en la actualidad, uno de los hombres más adinerados de España.

siesta breve descanso, especialmente en aquellos países donde las tardes se tornan muy calurosas.

Horario de comercio

El horario de comercio en España está cambiando. Algunas tiendas importantes y otras pequeñas ahora abren sus puertas de 9 de la mañana a 6 de la tarde.

Vacaciones de agosto

El mes de agosto es en general el más caluroso del año. En esta época, muchos españoles se toman vacaciones. Una gran cantidad de tiendas y restaurantes cierran sus puertas durante todo el mes. Hay calma en las ciudades, únicamente los lugares turísticos están concurridos.

¿Hablamos el mismo idioma?

No todas las escuelas en España dictan sus clases en español. En algunas regiones se utilizan otros idiomas también:

Región	Idioma
Cataluña	catalán
País vasco	euskera (vasco)
Galicia	gallego

Algunos adolescentes españoles conversan al final de su día de escuela.

La vida en la ciudad

MADRID

¡Estás aquí!

Datos sobre Madrid

POBLACIÓN:
tres millones

SUPERFICIE URBANA:
234 millas cuadradas
(607 kilómetros
cuadrados)

**ALTITUD POR ENCIMA
DEL NIVEL DEL MAR:**
2,133 pies
(650 metros)

Ya has pasado tiempo suficiente en Tarifa. Es hora de dirigirte hacia el centro de España. Quieres visitar Madrid, la ciudad capital.

Vas por la costa hasta Algeciras. Desde allí, tomas un tren hacia Córdoba (ver mapa, página 7). Una vez que llegas, un tren de alta velocidad te lleva rápidamente a Madrid, en menos de dos horas. Este tren pasa por las polvorientas **llanuras** de Castilla.

Castilla debe su nombre a la presencia de muchos castillos, los cuales fueron construidos para defender el área contra los ataques de los **moros**.

BANCO DE PALABRAS llanura área de tierra extensa y llana

Finalmente, el tren se detiene en la Estación de Atocha. Ésta es una de las dos estaciones principales de Madrid. Después, tomas el **metro** para ir hacia el centro de la ciudad.

La ciudad de Madrid

Madrid es famosa por sus colecciones de arte y sus hermosas edificaciones. Al igual que la mayoría de las capitales europeas, el tránsito es pesado y está llena de gente.

En el medio de Madrid, hay una plaza llamada la Puerta del Sol. Esta plaza constituye también el centro de España. Todas las distancias desde Madrid se calculan a partir de la Puerta del Sol.

El Prado

El museo del Prado (debajo) es uno de los monumentos más famosos de Madrid. Contiene una de las colecciones de arte más antiguas del mundo. Allí se pueden ver las obras de famosos pintores españoles.

metro tren urbano, que a menudo hace su recorrido bajo tierra

Ciudades de España

Has disfrutado de tu paseo por Madrid, pero ya es hora de continuar con el viaje. Puedes volver al sur. Tres de las ciudades más antiguas y bellas de España se encuentran al sur de Madrid. Éstas son Granada, Toledo y Sevilla.

Bilbao es una antigua ciudad, famosa por ser sede de industrias tales como siderúrgicas, astilleros y fábricas. En ella se encuentra el sorprendente Museo Guggenheim.

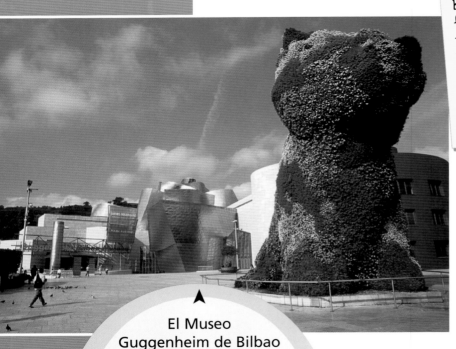

OCÉANO ATLÁNTICO

N
O — E
S

0   150 km

0   100 millas

El Museo Guggenheim de Bilbao (izquierda) alberga muchas obras de arte moderno. La escultura de gran tamaño que se ve a la derecha lleva el nombre de Puppy. Fue realizada por el artista estadounidense Jeff Koons.

Sevilla es la ciudad más importante del sur de España. Es famosa por su arquitectura, sus impresionantes festivales y las corridas de toros.

BANCO DE PALABRAS sinagoga templo religioso del judaísmo

O bien puedes dirigirte hacia el este. Las ciudades de Valencia y Barcelona se ubican en esa dirección. Al norte, se encuentran las ciudades de la costa atlántica. ¿Adónde te gustaría ir después?

Toledo se emplaza sobre una colina rocosa. La ciudad está bordeada por el río Tajo en tres de sus lados. Se ha construido en casi toda su extensión. Por todas partes, se observan iglesias, **sinagogas** y mezquitas.

Hay mucho por hacer en Barcelona. Esta ciudad tiene maravillosas construcciones. Hay también un área de tiendas llamada las Ramblas, además de las playas que atraen a muchos visitantes.

El acero de Toledo

En la Edad Media, Toledo (debajo) era un lugar reconocido por la producción de acero de gran calidad. En especial, se destacaba por las excelentes espadas y dagas que se fabricaban allí.

FRANCIA

Bilbao

ESPAÑA

Barcelona

Madrid

Menorca

Palma de Mallorca

Toledo

Valencia

Ibiza

MAR MEDITERRÁNEO

PORTUGAL

Sevilla

Granada

ÁFRICA

Valencia es la tercera ciudad en importancia de España. Cuenta con un deslumbrante centro de ciencia y **cultura**, construido recientemente. Asimismo, Valencia es famosa por sus numerosos festivales.

MARRUECOS

cultura arte, música y teatro

29

Mudarse a la ciudad

En el pasado, la mayoría de los españoles vivían en zonas rurales donde sembraban cultivos, que utilizaban como alimento o vendían. En la actualidad, gran parte de los españoles vive en ciudades y pueblos. Hacia el año 2000, el 78 por ciento de los españoles vivía en estas áreas **urbanas**.

Problemas urbanos

Las principales ciudades de España tienen los mismos problemas que las otras ciudades del mundo. A menudo, las calles están atestadas de automóviles. Este exceso de tránsito provoca **contaminación**. Los espacios parecen ser cada vez más pequeños y apretados.

La gente disfruta del sol del atardecer en un concurrido café de la ciudad de Barcelona.

urbano relacionado con una ciudad o un pueblo

Trabajo en la ciudad

¿Por qué migran las personas hacia las ciudades? Una de las razones principales es el trabajo. Gran parte de los empleos se encuentran en las ciudades.

Las personas de todas las edades disfrutan de la vida en la ciudad. Es alborotada y fascinante. Siempre hay alguien con quien conversar o algo que hacer. Las ciudades ofrecen una gran variedad de restaurantes, teatros, galerías de arte, parques y muchas otras atracciones.

Madrid es la ciudad más grande de España. Tiene casi 3 millones de habitantes.

Las ciudades más felices de Europa

En el año 2001, se realizó un estudio sobre los casos de **depresión** en las ciudades europeas. La depresión es un estado en el cual se siente tristeza y desesperanza. El informe reveló que las ciudades españolas fueron los lugares donde se registraron menos casos de depresión. Estas son algunas de las cifras del informe:

País	Población urbana con depresión
España	2.6 por ciento
Irlanda	12.8 por ciento
R.U.	17.1 por ciento

contaminación emisión de químicos nocivos o de desperdicios que afectan el aire, el agua o el suelo

El transporte

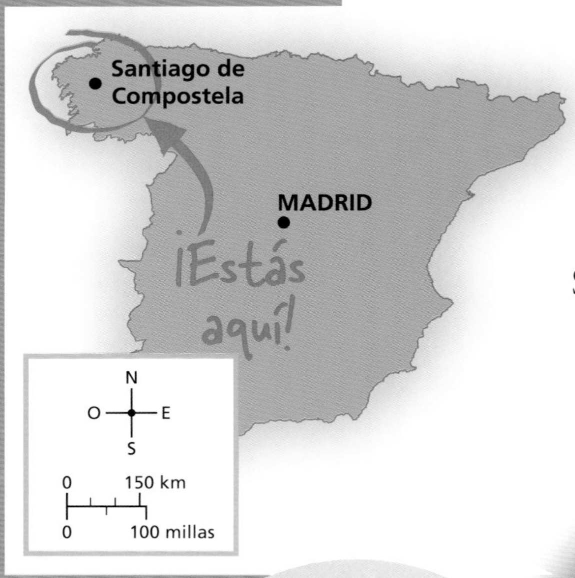

Has dejado Madrid y te diriges hacia el noroeste, a Santiago de Compostela.

El 25 de julio se celebra una fiesta especial en Santiago y no te la quieres perder. Es el Día de Santiago o Día de Santiago Apóstol. Santiago Apóstol es el

Santiago de Compostela

MADRID

¡Estás aquí!

N
O • E
S

0   150 km
0   100 millas

Miles de personas participan de la fiesta de Santiago Apóstol en Santiago. Al culminar las celebraciones, hay una fantástica exhibición de fuegos artificiales.

BANCO DE PALABRAS   santo patrono   persona religiosa vinculada con un lugar, un país o una ocupación

santo patrono de España. Se cree que sus restos están enterrados en este pueblo.

Cómo trasladarse por España

La forma más rápida de llegar a Santiago es en avión. Hay pequeños aeropuertos por toda España. El viaje en avión de Madrid a Santiago es de sólo una hora.

Sin embargo, el viaje en tren puede ser casi igual de rápido. España cuenta con trenes de alta velocidad que conectan una ciudad con otra. Pero los trenes locales son más lentos. Esto ocurre porque se detienen en muchas aldeas pequeñas.

La huella de los peregrinos

Durante siglos, los cristianos han caminado hacia Santiago desde distintas partes de Europa. Vienen a visitar los restos de Santiago Apóstol en la catedral. Las personas que realizan estos viajes religiosos reciben el nombre de **peregrinos**.

Cada año, millones de turistas llegan a España en avión. Los aeropuertos más concurridos se encuentran en el sur. El clima cálido de esa zona atrae a muchos visitantes.

peregrino persona que realiza un viaje religioso

La vida rural

Santiago se encuentra en Galicia. Ésta es una de las zonas de España con mayor territorio **rural**. En el pasado, las mujeres trabajaban en los campos, mientras que los hombres iban a pescar al mar.

Galicia es una de las regiones más pobres de España. Durante siglos, sus habitantes han migrado hacia otros lugares en busca de mejores empleos. Hoy en día lo mismo ocurre en otras partes de España. Los jóvenes abandonan sus pueblos natales para trabajar en las ciudades.

Los idiomas de España

No todas las personas que viven en España hablan español como idioma principal. Muchos de estos habitantes que hablan otros idiomas viven en áreas rurales.

Idioma:	Porcentaje de hablantes:
español	74 por ciento
catalán	17 por ciento
gallego	7 por ciento
vasco	2 por ciento

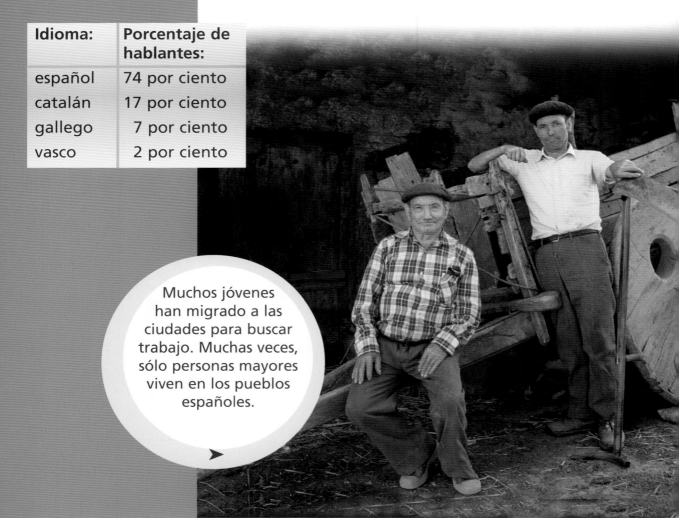

Muchos jóvenes han migrado a las ciudades para buscar trabajo. Muchas veces, sólo personas mayores viven en los pueblos españoles.

BANCO DE PALABRAS   rural relacionado con el campo

Compradores extranjeros

En la década de 1980, se produjo una baja de los precios en las áreas rurales de España. Esto ocurrió porque la mayoría de los españoles migraron a las ciudades.

En consecuencia, muchos extranjeros comenzaron a comprar viviendas en estas zonas. Es por ello que los precios de las viviendas comenzaron a subir. Estos extranjeros a menudo emplean a lugareños para que trabajen para ellos. No obstante, debido a la subida de los precios de las viviendas, no es nada fácil para los lugareños tener una casa propia.

Un posible comprador mira propiedades en venta.

Agricultura

Viajar por los campos de Galicia es como transportarse al pasado. La tierra está dividida en parcelas pequeñas. Estos campos son tan pequeños que no se puede usar maquinaria para trabajarlos. En su lugar, las personas utilizan simples arados o labran la tierra a mano.

Galicia

MADRID

¡Estás aquí!

N
O — E
S

0   150 km

0   100 millas

Estos olivareros separan el fruto de las hojas, pequeñas piedras y otras suciedades.

BANCO DE PALABRAS   exportar enviar un producto a un país extranjero para su venta

La mejor carne

El norte de España se dedica a la cría de ganado. Muchos dicen que la carne que se produce en Galicia es la mejor de toda España. Si comes carne, éste es un buen lugar para saborear un bistec.

Frutas y hortalizas

En otras partes de España, se siembra toda clase de cultivos para **exportar**. Esto quiere decir que se venden a otros países.

Las granjas en España pueden ser muy grandes o muy pequeñas. Las de Galicia son pequeñas. Los pequeños agricultores cultivan verduras y aceitunas. Además, crían ganado bovino u ovino. En las granjas más grandes, generalmente se siembra un solo cultivo. Puede ser trigo o tabaco.

Hórreos

Las personas que viajan por Galicia a menudo observan construcciones extrañas, como la que ves debajo. Se denominan hórreos y se utilizan para almacenar granos. Los hórreos están construidos en granito de gran dureza y se apoyan sobre pilares. Tanto el granito como los pilares evitan el ingreso de ratas y de humedad.

Pesca

Se observan *ensenadas* a lo largo de la costa de Galicia. Las ensenadas se forman cuando el mar penetra en la tierra. En España, se les da el nombre de rías. Las rías son lugares propicios para la pesca.

La región vasca se ubica más lejos sobre la costa norte. Durante cientos de años, los vascos se destacaron como **balleneros** y pescadores de bacalao.

Algunas personas creen que los vascos llegaron a América del Norte antes que Colón y que descubrieron las ricas áreas pesqueras frente a la costa de Canadá. Los vascos mantuvieron este descubrimiento en secreto. No querían que lo supiesen otros pescadores.

Los mejillones son de gran consumo en España. En Galicia, los mejillones se cultivan en balsas, como las que ves aquí. Estas balsas se llaman *mejilloneiras*.

BANCO DE PALABRAS   ballenero persona que caza ballenas

Amantes del pescado

En toda España, el pescado es un plato favorito. España cuenta con una de las **flotas** pesqueras más grandes del mundo. Las pescas en el Mediterráneo son menores que las del Atlántico. No obstante, la pesca es una actividad importante en todas las costas de España.

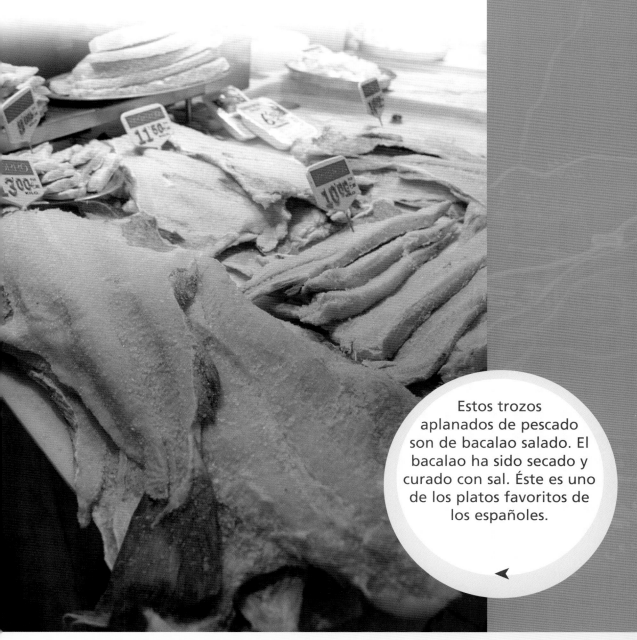

Estos trozos aplanados de pescado son de bacalao salado. El bacalao ha sido secado y curado con sal. Éste es uno de los platos favoritos de los españoles.

flota grupo de botes o barcos

Turismo y viajes

Mientras paseas por Santiago al atardecer, conoces a una persona de tu misma edad. Tu nuevo amigo prepara una lista de lugares que quizás te interese visitar.

El Museo Guggenheim

El Museo Guggenheim se encuentra en Bilbao, al norte de España. Esta fantástica construcción moderna alberga una colección de arte moderno.

La Gran Mezquita

La **mezquita** de mayor belleza de España está ubicada en Córdoba, en la zona sur del país. Fue construida por los **moros**. Es muy antigua. Data del siglo VIII.

▲ Se dice que en la Gran Mezquita se conserva uno de los huesos del brazo del Profeta Mahoma. Mahoma fue el fundador del Islam.

El Museo Guggenheim fue diseñado por el arquitecto estadounidense Frank Gehry. ▶

BANCO DE PALABRAS   mezquita templo religioso de los musulmanes

Los castillos de Castilla

Hay muchos castillos al sur de Madrid. Se construyeron para defender el área contra el ataque de los moros. Muchos están abiertos a los visitantes.

Las Islas Baleares

Mallorca, Menorca, Ibiza y Formentera están ubicadas a poca distancia de la costa este de España (ver mapa, página 7). En el verano, el clima es cálido y la vida nocturna es muy intensa. Esto atrae una gran cantidad de turistas a las islas.

El Pico del Teide

El Pico del Teide se encuentra en Tenerife, una de las Islas Canarias, y es el pico más alto de España. En la cumbre, hay un famoso **observatorio**. Un observatorio es un lugar al que van las personas para estudiar el cielo nocturno.

El Pico del Teide es un excelente lugar para observar el cielo nocturno. Se encuentra a una gran altura y no hay grandes ciudades alrededor que iluminen el cielo.

observatorio lugar desde donde se estudia el cielo nocturno, generalmente por medio de telescopios

¿Quedarse o volver a casa?

Has recorrido España de sur a norte. Has visitado Madrid y Santiago. Pero aún queda mucho por ver y hacer. Éstas son algunas de las actividades que puedes realizar si te quedas en España.

Asiste al encierro de toros

La Fiesta de San Fermín se celebra cada mes de julio en Pamplona, al norte de España. El encierro de toros es una de las partes principales de esta fiesta (izquierda). Los toros salen en estampida por las calles angostas. Los competidores corren delante de los animales. Es sumamente peligroso y todos los años se registran heridos.

Practica esquí o *snowboard*

Sol y Nieve (debajo) es una de las estaciones de esquí ubicadas en el extremo sur de Europa. Se ubica en las laderas de Sierra Nevada, en el sur de España.

Visita la Feria de Abril

Se trata de una fiesta que se celebra en Sevilla y que se prolonga toda una semana durante el mes de abril. Allí encuentras jinetes con vestimentas típicas, espectáculos de flamenco y corridas de toros diarias.

Asiste al Mundaka Pro

El Mundaka Pro (debajo) es una competencia de surf de renombre mundial. Se realiza en Mundaka, en el norte de España, en octubre.

Ahora debes decidir que harás a continuación. ¿Volverás a casa? ¿O seguirás explorando este fascinante país?

Descubre más

Sitios web

Si quieres descubrir más acerca de España, puedes investigar en la Internet. Trata de utilizar palabras clave como éstas:

- España
- Río Ebro
- Comidas españolas

También puedes encontrar tus propias palabras clave utilizando los términos que aparecen en este libro. Prueba utilizar una guía de búsqueda, como **www.yahooligans.com.**

¿Existe alguna forma para que un Detective de viajes pueda aprender más acerca de España? ¡Sí! Consulta los libros y películas a continuación:

Lectura adicional

Bader, Philip. *Dropping in on Spain*. Vero Beach, Fla.: Rourke Publishing, 2003.

Costain, Meredith. *Welcome to Spain*. Northborough, Mass.: Chelsea House Publications, 2001.

Hintz, Martin. *Spain*. New York: Scholastic, 2004.

Parker, Edward. *The Changing Face of Spain*. Chicago: Raintree, 2003.

Rogers, Lura. *Spain*. Danbury, Conn.: Children's Press, 2001.

Películas

El Cid (1961)
Ambientada en la España del siglo XI, trata la historia de El Cid. El Cid fue un gran guerrero español que combatió en la expulsión de los moros de España.

For Whom the Bell Tolls (1943)
Esta historia de amor se desarrolla durante la Guerra Civil española, que ocurrió entre 1936 y 1939. Un experto en explosivos de origen estadounidense se une a los rebeldes Republicanos para luchar contra los Nacionalistas.

Línea cronológica

1000 A.E.C.
Los fenicios (provenientes del actual territorio del Líbano) invaden España.

400 A.E.C.
Los cartagineses del norte de África conquistan grandes áreas de España.

200 A.E.C.
Los romanos expulsan a los cartagineses de España.

Siglo V E.C.
Los visigodos se apoderan de España, que estaba en manos de los romanos.

711 a 718
Los **moros**, del norte de África, conquistan gran parte del territorio de España.

Siglo XI
Los reinos cristianos del norte comienzan a expulsar a los moros de España.

1479
Se unen los reinos de Aragón y Castilla. Esto hace que casi toda España quede bajo un solo reinado.

1492
Los moros son expulsados de Granada. El dominio musulmán sobre España llega a su fin. Cristóbal Colón zarpa hacia las Américas y reclama esas tierras en nombre de España.

1512
El rey Fernando V se apodera del reino de Navarra. Como consecuencia, se produce la unificación de toda España.

1556 a 1598
España alcanza su mayor poderío durante el reinado de Felipe II.

1808
Las tropas francesas invasoras de Napoleón Bonaparte capturan Madrid.

1808 a 1814
Las fuerzas españolas, portuguesas e inglesas, comandadas por el duque de Wellington, expulsan a los franceses de España.

1810 a 1825
España pierde el control de todas sus tierras del continente americano, con la excepción de Cuba y Puerto Rico.

1898
España pierde el control de Cuba, Puerto Rico y las Filipinas después de una guerra con los Estados Unidos.

1931
El rey Alfonso XIII abandona España. España se convierte en una república gobernada por un presidente electo.

1936 a 1939
Se desarrolla la Guerra Civil española. Las fuerzas lideradas por el General Francisco Franco ganan. En 1939, Franco se convierte en el gobernante de España.

1975
Muere Franco. Los españoles comienzan a construir un gobierno **democrático**.

1978
Los españoles aprueban una nueva estructura gubernamental.

1986
España se integra a la Comunidad Europea (ahora denominada Unión Europea). Esta organización se estableció para mejorar el comercio entre los países europeos.

España: Datos y cifras

La bandera española tiene tres franjas horizontales. Las franjas superior e inferior son de color rojo. La del medio es amarilla.

Personas y lugares

● Población: 40 millones.
● Hay más de 800 millones de personas en el mundo que hablan español.

Asuntos económicos

● Antes del año 2002, la moneda de España era la peseta. Una peseta equivalía a 100 duros.
● En 2002, España se cambió al euro, que es una moneda utilizada en muchos países europeos.

¿Qué hay detrás de un nombre?

● El nombre oficial de España es Reino de España. En catalán es Regne d'Espanya. En vasco, el nombre es Espainiako Erresuma.

Datos sobre la comida

● Los españoles importaron el cacao a Europa desde México.
● El cultivo de papa se realizaba en Bolivia y Perú hace cientos de años. Los españoles lo descubrieron en 1537 y lo dieron a conocer al resto del mundo.

Glosario

ballenero persona que caza ballenas

contaminación emisión de químicos nocivos o de desperdicios que afectan el aire, el agua o el suelo

cultura arte, música y teatro

democrático gobernado por los ciudadanos o sus representantes

depresión estado general de tristeza y desesperanza

ensenada lugar donde el mar penetra en la tierra

exportar enviar un producto a un país extranjero para su venta

flota grupo de botes o barcos

frontera línea imaginaria que separa a un país de otro

guerra civil guerra entre grupos pertenecientes a un mismo país. En España, la guerra civil se produjo entre los Nacionalistas (liderados por el general Franco) y los Republicanos.

influir afectar a alguna persona o cosa, o provocar un cambio en ellas

Islam religión fundada por el profeta Mahoma en la década de 600 E.C.

llanura área de tierra extensa y llana

meseta área de tierra plana y alta

metro tren urbano que a menudo hace su recorrido bajo tierra

mezquita templo religioso de los musulmanes

moros musulmanes del norte de África que dominaron gran parte de España. Llegaron a este país en el año 711 y partieron en 1492.

musulmán relacionado con el Islam o que practica el Islam

observatorio lugar desde dónde se estudia el cielo nocturno, generalmente por medio de telescopios.

parlamento grupo de personas elegidas para elaborar las leyes

peregrino persona que realiza un viaje religioso

procesión grupo de personas que se moviliza en filas como parte de una celebración. Las procesiones de las fiestas a menudo culminan en una iglesia.

rural relacionado con el campo

santo patrono persona religiosa vinculada con un lugar, un país o una ocupación

siesta breve descanso, especialmente en aquellos países donde las tardes se tornan muy calurosas

sinagoga templo religioso del judaísmo

torturados sometidos a golpes o a sufrir dolor. En algunos casos, los prisioneros son sometidos a torturas para que revelen información secreta

urbano relacionado con una ciudad o un pueblo

Índice